AF607047
AVERSO

ALFABETO DE TIERRA HERIDO

Antología poética

Francisca Aguirre

Número 30 de la Colección **AVERSO POESÍA**

Alfabeto de tierra herido

Edición al cuidado de Averso Poesía
www.aversopoesia.com

hola@aversopoesia.com

Primera edición: abril de 2024
ISBN: 978-84-10027-30-5
Depósito Legal: GR 524-2024

Impreso en España - *Printed in Spain*

El papel utilizado para la impresión de este libro está calificado como papel ecológico y procede de bosques gestionados de manera sostenible.

ALFABETO DE TIERRA HERIDO

Una aproximación a la obra poética de Francisca Aguirre

Selección y prólogo de Julia Otxoa

PRÓLOGO

Alfabeto de tierra herido: una aproximación a la obra poética de Francisca Aguirre

Las obras de arte son de una infinita soledad,
y con nada se pueden alcanzar menos que con la crítica
Sólo el amor puede captarlas y retenerlas,
y sólo él puede tener razón frente a ellas.

RAINER MARIA RILKE

En este pequeño sendero que llevará a ti te llamaré Francisca, solo así, sin apellido alguno, porque en tu actitud vital como escritora intensamente me recuerdas a aquel otro Francisco, el de Asís. Ambos pertenecéis a la estirpe de los desposeídos, a la humildad extrema de los que viven habitando las pérdidas y hallan su casa junto a los mendigos y los marginados, respirando la belleza de lo pequeño, lo ínfimo, apenas visible para la luz cegadora que nada revela, que nada ofrece sino los andrajos del espíritu.

«como la mariposa o la violeta,
como las jaras y los verdes álamos,
los alegres cantores de la vida».

En ambos sobrecoge la fuerza interior brillando cual ascua en las tinieblas. Él desde sus cimientos religiosos, tú desde un humanismo desencantado transformado en poesía.

La vida como un ensayo para la siguiente pregunta. En el comienzo del camino, cuando me encargaron desde Averso Poesía esta pequeña guía de acercamiento a la obra poética de Francisca Aguirre (Alicante, 1930 – Madrid, 2019), tuve claro que mi texto no sería un camino señalizado, académico, de crítica literaria de cada uno de sus libros, un estudio pormenorizado de una de las más grandes poetas contemporáneas españolas (perteneciente a esa herida generación de niños de la guerra). No cabía en mí ese propósito ni capacidad para poder hacerlo, sino que mi deseo era ser un sendero que llevara a ese paisaje de belleza intensa y estremecedora que es su obra, y que podría ser todavía desconocida para algunos lectores.

Esta aproximación a su poesía se concibe, por tanto, como un imán hacia su escritura, que respira metafísica como grito desgarrado, a veces también el ser como elegía. Voz interrogante siempre. Crudo lenguaje de batalla, en la que salvarse en el canto, describiendo la carne apaleada, el hueso roto, el descalabrado andamio que antes en el tiempo de los sueños sostenía el horizonte.

Narrar para poder vivir. Encontrar la belleza pese a todo como victoria.

Será este acercamiento a su escritura un tejido de huellas, de fragmentos. Amo el fragmento como expresión simbólica de un todo. En cualquier charco puede encontrarse el cielo.

Un hambre insaciable de música y libros

Toda su obra es rica en referencias culturales, en diálogo con las distintas disciplinas del pensamiento y la creación. En uno de esos diálogos que sostiene con la mitología griega reescribe el personaje de Penélope en la *Odisea*, esa tejedora que espera a Ulises; Francisca la convierte en una Penélope insumisa, que ya no teje ni espera, que concibe Ítaca como cárcel y nunca como puerto de llegada.

> «[...] Penélope, recuerdas?
> Era un tejido tan imposible como el tiempo:
> lo hiciste para cubrir aquellas tus heridas
> y para responder al miserable eco
> que golpeaba ya no sabes bien
> si sobre ti o dentro de ti misma».

Cada día un taller para nacer de nuevo

Su poesía, de profunda raíz ética, es también exploración constante de las posibilidades de la expresión, su identidad es indivisible del lenguaje. Germina en palabra culta, lúcida, valiente, a veces también irónica. Siempre latido ontológico, tierra que aspira a vaciarse de lastre en vuelo hacia la altura.

Voz abatida, ave auroral derrumbada una y otra vez por la cinegética condición de tinieblas de la condición humana. Pero también palabra en carne viva, clamor de un tiempo fragmentado y sin apoyo, desvelando los teatritos del mundo, las convenciones de una realidad de cartón piedra, las injusticias. Tras el derrumbe de aquello que de la vida se esperaba, el golpe mortal al corazón, el silencio de la afilada espada traspasando la perplejidad de la carne como respuesta, en el espejo de las interpelaciones el verdugo de la luz.

Luego vendrá el vagabundeo de un porqué como fantasma, como eco del desasosiego. Pero Francisca escribirá, no dejará de decir, de testificar frente al dolor. Salvada por el lenguaje, por esa tierra insomne donde tejer una cuna de palabras, para nacer de nuevo cada día, celebrando la vida.

> «Vamos de la sonrisa al desconsuelo
> tanteando a la luz de la piedad.
> De la derrota al salvamento vamos.
> De la absoluta ruina a la abundancia
> de un cargamento de despojos».

Hablaré con aquellos que me salvan

Por su calidad poética y actualidad intelectual, se presenta ante nosotros como una de esas autoras intemporales, de referencia indudable, similar a aquellas y aquellos que tanto admiró y que tantas veces le cobijaron espiritualmente cual hilo de Ariadna aminorando la angustia de un ser profundamente decepcionado con la existencia.

Será su obra, por tanto, rica en referencias culturales tanto musicales como literarias, deslumbrante tanto en sus formas poéticas como en su prosa. Su escritura se extiende por géneros diversos: poemas, diálogos, prosas. Interesantísimas sus interlocuciones con santa Teresa o Kafka y otros amados maestros musicales o de letras como Antonio Machado, el Quijote, Baroja, Olga Orozco, Unamuno o Beethoven.

«Tinieblas es la luz donde hay luz sola», dijo Unamuno para siempre. Si alguna vez alguien lo puso en duda que se hunda en tu archipiélago, que escuche tus palabras a Diotima. Mi desolado amigo, mi incansable poeta caminante [...] Federico, ¿qué asombro desmedido te ofrecieron inesperadamente unas pupilas? [...] Tú fuiste esa luz sola, terriblemente sola. ¿Cómo no ibas a naufragar en las tinieblas?

Planté memoria y fui bosque frente al desierto

Es la memoria pilar fundamental en toda su poesía, la memoria escrita con sangre. El pintor Lorenzo Aguirre, su padre, fue ejecutado a garrote vil en la cárcel de Porlier (en Madrid) en 1942 por la dictadura franquista. Su asesinato: la traducción del abismo, una estación negra para su viuda y sus tres hijas.

Francisca no ve otra cosa que una inmensa nada ofreciendo sus frutos de vacío, impidiéndole a menudo respirar. Acaba de cumplir doce años. La muerte del padre ha sido anunciada a las hermanas en un colegio para hijos de presos políticos.

El mundo no cabe en la boca y se atraganta como carne astillada de espinas en la garganta seca y muda. De pronto, la vida ha sido precipitada en la extrema soledad del ser, en la orfandad de la luz.

«cuando mataron a mi padre,
nos quedamos en esa zona de vacío
que va de la vida a la muerte,
dentro de esa burbuja última que lanzan los
ahogados,
como si todo el aire del mundo se hubiese
agotado de pronto».

Luego, la magnitud del horror hará imposible el olvido, y el lenguaje se hará fiebre y grito en la palabra poética, dibujando la ausencia. Defendiendo el recuerdo como el náufrago su tabla de salvación, también como deber de dignidad hacia todas las víctimas de la violencia.

En la pobreza y en las palabras

Escribir será entonces arañar las piedras de una postguerra cruel con los vencidos, hacer sangrar a la palabra como vivo testigo de la injusticia, de la pobreza, del hambre de pan y respuestas, convirtiendo los vocablos en vuelo y llama iluminando la noche del alma.

«Cierto que no tuvimos nada,
que muchas veces nos faltaba todo.
Pero aunque algunos días no comimos,

tuvimos una radio para oír a Beethoven,
y un día de Reyes de mil novecientos
  cuarenta y cuatro,
mamá y los tíos fueron al Rastro:
nos compraron tres libros:
La cuesta encantada, *Nómadas del Norte*
y *El último mohicano*».

Su actitud ética contra el olvido de toda barbarie pasada o presente perdurará siempre en su poesía, como reflexión constante sobre ese estigma funesto de la condición humana, amamantado por el odio y la falta de misericordia hacia el otro.

Enfrentadas banderas como negro sudario

«Pero si tú tienes razón,
si tu herida te justifica
y la muerte florece entre tus manos
con el mismo desinterés que la cicuta,
entonces,
ignominioso constructor de patrias,
sé un elegido de los dioses
y revienta pronto».

La condición humana como decepción

Cada grado de abismo habitó sus días, no fue escamoteado el infortunio con el que una y otra vez se encontró en su anhelo de huir de la desesperación. Mantuvo siempre en su desasosiego insumisión a todo tipo de poder, a todo tipo de encorsetamiento como mujer. Ante la extrema soledad del ser, ella buscó la amistad fiel de las palabras. Y además, como recuerda su hija, la poeta Guadalupe Grande, en su libro *Prenda de abrigo:* «Francisca Aguirre, entró en la poesía, que es el lugar donde la muerte no tiene ningún dominio».

No era en aquellos primeros años setenta común en España este tipo de escritura incendiada, pero Francisca supo siempre que, desde la extrema fragilidad desde la que respiraba las cosas, el sentimiento de libertad era aquello que construía la sintaxis de su alma.

> «[...] fui hasta el mar para pedir socorro
> y el mar me respondió: socorro.
> Fui hasta el mar y lo toqué
> con cuidado, como se toca a un animal
>   equívoco,
> un animal que se come la tierra
> y en su límite último intenta confundirse con
>   el cielo».

Tan solo una copa de mar para brindar por el padre

Está luego el mar, siempre el mar inundando su palabra como un aliado o incógnita, como una posibilidad de huida de esa Ítaca jaula. Aquel mar tantas veces pintado por su padre.

> «Un mar, un mar es lo que necesito.
> Un mar y no otra cosa, no otra cosa.

Lo demás es pequeño, insuficiente, pobre.
Un mar, un mar es lo que necesito.
No una montaña, un río, un cielo.
No. Nada, nada,
únicamente un mar».

La mendicidad del amor

Pero también, de pronto, Francisca en su escritura añade un ingrediente inesperado que alivia de oscuridad a la tragedia del vivir y salpica de ironía y humor su poesía. Todo es posible en ella, hija de una luz desesperanzada, espejo donde mirarnos todos, admitiendo nuestra indestructible precariedad, capaces también nosotros pese a todo de amar a tumba abierta.

Y aunque el amor se ha hecho trizas sobre un helado horizonte de granito, aquel anhelado paisaje de antaño, que ahora es puro desierto y nada:

Francisca, desengañada de todo a todo ama.

«Siempre en amor vivimos de limosna».

Sígueme, Francisca, y no tendrás nada

Francisca habla consigo misma, trascendiendo la desposesión, asumiendo las pérdidas como identidad.

«Como se escapa el agua de las cestas,
el porvenir, la dicha, todo es ido.

El mundo ha extraviado su sentido.
¿A dónde vas con tu dolor a cuestas?

No eres más que una angustia comedida
un extraño agujero errante y fútil
y una memoria desacreditada».

Porque su lugar se halla entre los vencidos, los heridos de la vida, los olvidados de la luz. Con todos aquellos que a duras penas consiguen arrastrar cada día la tristeza, a los que el corazón pesa como ancla en los infiernos.

Quitar lastre al hueso, a las vísceras, vaciar la dañada anatomía para ser solo escritura interrogante, puro entramado de música en la duda, soportando un cielo sin respuestas.

Francisca y Alejandra

Veo a Francisca Aguirre hablar con Alejandra Pizarnik y parecen hermanas en la herida insoportable del vivir, en la estación del dolor, en el idéntico temblor del ser ante el vacío.

«Soy la vigía del desastre,
la farera del retroceso y el esplendor
de la desdicha».

Francisca no admite la derrota

Pero el fuego de Francisca no muere en la ceniza, una y otra vez renace en un paisaje que se niega a morir, enamorado testigo de las luces y sombras de la condición humana, de la historia de una España olvidada de los vencidos, que baila sobre las víctimas al ritmo de un clamoroso silencio cómplice con los verdugos.

Francisca muta la sangre de su hemorragia en agua, savia para una tierra baldía. Francisca no admite la derrota.

Francisca, invulnerable tiempo habitando el lenguaje de una Penélope distinta que huye de Ítaca para fundirse con ese mar Mediterráneo pintado por el padre y ser con sus aguas esencia de aire, odisea libre.
Francisca, alfabeto de tierra herido, pese a que a menudo le tocó vivir en la desolación y la incertidumbre, ella dejó escrito:

> «Definitivamente amo
> el deslumbrante escándalo de la vida.
> Muy pocos paraísos comparables
> al asombro que nos regala la existencia».

Julia Otxoa
San Sebastián, febrero de 2024.

DE *ÍTACA*

(1966-1971)

Triste tierra

En la noche fui hasta el mar para pedir socorro
y el mar me respondió: socorro.
Fui hasta el mar y lo toqué
con cuidado, como se toca un animal equívoco
un animal que se come la tierra
y en su límite último intenta confundirse con el cielo.
Fui hasta él con la inerme disposición
con que nos acercamos a lo desconocido
esperando una respuesta mayor que nuestra
 dolorosa pregunta.
Antes yo había mirado toda mi isla
para llevarla conmigo hasta su sal.
Había agrupado todo mi territorio en la retina
y fui con él al mar: era
tan suyo como mío.
Ítaca y yo fuimos al minotauro acuático
para pedir socorro
y el mar nos respondió: socorro.
Triste fiera: socorro.

Ítaca

¿Y quién alguna vez no estuvo en Ítaca?
¿Quién no conoce su áspero panorama,
el anillo de mar que la comprime,
la austera intimidad que nos impone,
el silencio de suma que nos traza?
Ítaca nos resume como un libro,
nos acompaña hacia nosotros mismos,
nos descubre el sonido de la espera.
Porque la espera suena:
mantiene el eco de voces que se han ido.
Ítaca nos denuncia el latido de la vida,
nos hace cómplices de la distancia,
ciegos vigías de una senda
que se va haciendo sin nosotros,
que no podremos olvidar porque
no existe olvido para la ignorancia.
Es doloroso despertar un día
y contemplar el mar que nos abraza,
que nos unge de sal y nos bautiza como nuevos hijos.
Recordamos los días del vino compartido,
las palabras, no el eco;
las manos, no el diluido gesto.
Veo el mar que me cerca,
el vago azul por el que te has perdido,
compruebo el horizonte con avidez extenuada,
dejo a los ojos un momento
cumplir su hermoso oficio;
luego, vuelvo la espalda
y encamino mis pasos hacia Ítaca.

El desván de Penélope

Paisajes de papel

Aquella infancia fue más bien triste.
Ser niño en el cuarenta y dos parecía imposible.
Nuestra niñez era una mezcla de comprensión y
aburrimiento.
Éramos serios y aburridos.
Recuerdo aquellas tardes; eran como el mundo era
entonces:
sin resquicios y tristes.
Veo a mis pocos años observar con ahínco,
tras el cristal opaco, la calle larga y gris;
el sol estaba lejos y era lo único barato,
lo único que traía alegría sin exigirnos nada.
Veo a mi niña, adulta y consecuente
con un programa bien trazado:
crecer, crecer muy pronto, darse prisa
—ser niño era una carga demasiado pesada
para nosotros y para los grandes—.
Solo en verano el mundo parecía asequible,
durante tres o cuatro meses saltar, correr, era la vida.
Lo gris volvía siempre muy pronto.
Un día amanecimos lentas, crecidas,
llenas de miedo, de presente.
Buscábamos palabras en el diccionario
con el afán de comprenderlo todo:
necesitábamos hacer lenguaje.
Algunos nos miraron con asombro,
decían que éramos inteligentes.
Nosotras, durante los dolientes domingos
dibujábamos inseguros paisajes.

Durante mucho tiempo esas fueron todas mis excursiones.
Salir a un campo que no fuera pintado
suponía gastar unos zapatos.
Salir, salir, ese era el sueño,
abolir a las trenzas, inaugurar la barra de labios:
¡mi reino por un trabajo!

¿Cómo rendir ahora un homenaje a aquellos días?
¿Cómo añorarlos sin desconfianza?
Se arrugaron, igual que los paisajes de papel,
mientras crecíamos hacia este desconsuelo que hoy nos puebla.

Los bienaventurados

[...] *ellos poseerán la tierra.*

Los fieles, los constantes,
los condenados a lo eterno,
los asombrados de una sola vez,
los que solo confían en el miedo,
los que edifican sobre el desengaño,
los cuidadosos que cosechan pasos,
los fareros de la rutina,
los cómplices tenaces del trabajo,
los que se mueren razonablemente,
esos que en tantas ocasiones
desearían con urgencia
que hubiese un dios al que pedir socorro.

Descubrimiento

[…] así he vivido yo, con una vaga prudencia
de caballo de cartón en el baño […]

LUIS ROSALES

Lo había leído tantas veces
que parecía que no estaba escrito,
que ya no era de nadie
sino del propio reino del poema.

Durante algunos años
yo leía ese verso
con el mismo estupor que siente un ciego
ante el calor solar.
Durante algunos años.

Y esta tarde,
mientras iba ordenando mis derrotas,
lo he repetido en alta voz,
y el verso y yo,
muy juntos,
nos lo hemos dicho todo,
y hemos ido a mirar
los restos de cartón mojado
y hemos mirado atentamente
el uno por el otro
lo que quedaba del ingenuo animal.

Propietarios

Porque no poseemos nada,
ni siquiera la vaga sombra de futuro
que a nuestra infancia responsable pervertía.
Porque no somos dueños de nada,
ni aun del propio dolor
que con asombro hemos mirado tantas veces,
Porque, sin duda, tener no es lo nuestro,
y sí soñar desesperadamente
que todo lo tenemos al borde de la mano,
de esta tozuda mano que nos nombra
con más rigor que un apellido.

Dueños de desearlo todo: qué tristeza.
Dueños del miedo, el polvo, el humo, el viento.

DE *LOS TRESCIENTOS ESCALONES*

(1973-1976)

Tardes

Estas tardes tan dulces,
tan inciertas como la vida.
Estas tardes que son tan caedizas,
tan en amoroso declive,
que vienen no se sabe de dónde
si no es de un gesto de ternura del planeta.
Estas tardes afirmativas en su incertidumbre,
apoyadas aún sobre la risa de la luz,
pero de espaldas, entornadas como un párpado,
lejanas como la inocencia.
Estas tardes que alientan como un nido,
que bajan, que descienden
de un cielo tan incierto como ellas,
tan dulce y misterioso como ellas.
Estas tardes, Dios mío,
tan crueles y caritativas,
estas tardes que propagan la vida como un adiós,
estas tardes que son un llanto interminable
y una alegría hundida, vegetal,
una alegría irreparable,
una alegría como un pájaro
o como la tibia mano de mi hija
que, dulcemente,
testarudamente,
tira de mí mientras la tarde,
equitativa,
nos ofrece a las dos su último vaho
y un horizonte milagroso.

No os confundáis

Y cuando ya no quede nada
tendré siempre el recuerdo
de lo que no se cumplió nunca.
Cuando me miren con áspera piedad
yo siempre tendré
lo que la vida no pudo ofrecerme.
Creedme:
todo lo que pensáis fue destrozo y pérdida
no ha sido más que conjetura.
Y cuando ya no quede nada
siempre tendré lo que me fue negado.
No os confundáis con lo que nunca tuve
puedo llenar el mundo palmo a palmo.
Tanto miedo tenéis que no habéis advertido
la riqueza que se oculta en la pérdida.
Desdichados,
poca ganancia es la vuestra
si nunca habéis perdido nada.
Yo sí he perdido:
yo tengo, como el náufrago,
toda la tierra esperándome.

Aprender a mirar

Aprender a mirar de otra manera.
Aprender a confiar de un nuevo modo.
Aprender a esperar
como si el mundo se estuviera haciendo.
Aprender, aprender…
Aprender todo desde el entusiasmo
sin apoyar el corazón en lenguas muertas.
Aprender a vivir
continuamente:
ser los discípulos
de un profesor que no da títulos
que ejerce una sabiduría
provisoria y mudable:
ser lo aficionados al conocimiento
los aprendices
para siempre
los que se morirán
ignorantes
de casi todo.

Ya nada podréis

Ya nada podréis,
porque la fuerza no estaba en vosotros,
estaba en mi debilidad.
Nada conseguiréis
abandonándome,
porque el vacío no era vuestra ausencia
sino mi necesidad de compañía.
Cuando llaméis
tendréis mi corazón a mano, como siempre.
Ahora
el mundo se ha amueblado
con la delicadeza de lo mínimo,
con la tierna disposición de lo posible.
Y todo es una patria extensa y manual,
un alfabeto misterioso
con el que estoy nombrando, recreando,
reviviendo de nuevo el universo.

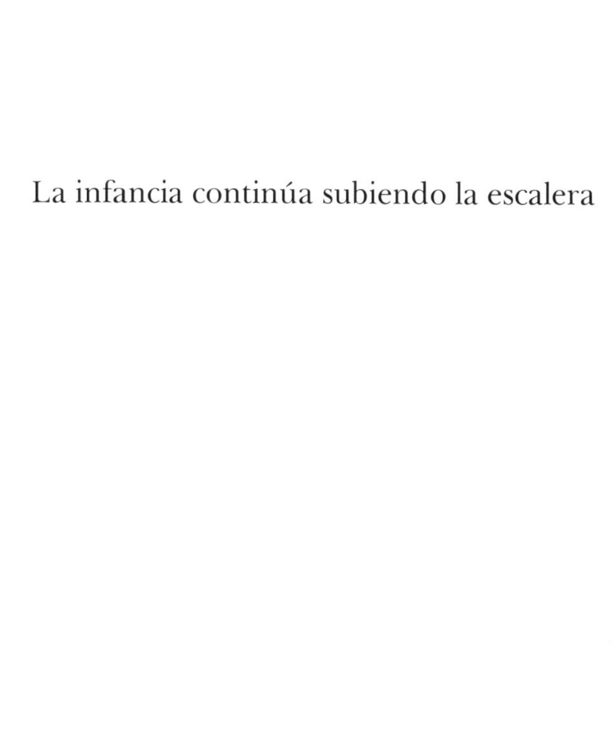

La infancia continúa subiendo la escalera

El último mohicano

No tuve nada, y, sin embargo, de algún modo,
comprendo que lo tuve todo.
No teníamos nada, nada
salvo el miedo, el dolor,
el estupor que produce la muerte.

Cuando mataron a mi padre
nos quedaos en esa zona de vacío
que va de la vida a la muerte,
dentro de esa burbuja última que lanzan los ahogados,
como si todo el aire del mundo se hubiese agotado de pronto.
Ahí nos quedamos
como peces en una pecera sin agua,
como los atónitos visitantes de un planeta vacío.

Nada teníamos
aunque también es cierto que ya nada queríamos.
Recuerdo bien que a mi hermana Susy y a mí
nos dieron la noticia en el cuarto del aseo
de aquel colegio para hijas de presos políticos.
Había un espejo enorme
y yo vi la palabra *muerte* crecer dentro de aquel espejo
hasta salir de él
y alojarse en los ojos de mi hermana
como un vapor letal y pestilente.
Nada ha logrado hacerme olvidar aquellos ojos,
salvo algunas horas de amor
en que Félix y yo éramos dos huérfanos,
y el rostro milagroso de mi hija.

Y nada más tuvimos
durante mucho tiempo.
Pero mamá tuvo menos que nadie.
Mamá quedó como un espejo sin azogue.
Lo perdió todo
salvo un hilo delgado que la unía a nosotras,
y por aquel inconcebible puente
—como tres hormiguitas—
íbamos y veníamos a su estatua de vidrio
restituyéndole el azogue.
Volvió a nosotras desde el país del hielo
y volvió tan absolutamente
que gracias a ella, nosotras, que nada teníamos,
lo tuvimos todo.
Mamá fue nuestro Espasa,
fue nuestro Guerrero del Antifaz,
el País de las Hadas,
la abundancia dentro de la miseria,
nuestro mejor amigo,
nuestro escudo contra los moros,
la enamorada de las bellas artes,
la que hizo posible que papá no muriera,
la que lo fue resucitando en cada uno de sus
cuadros.
Mamá fue quien nos dijo que mi padre admiraba a
los griegos,
que adoraba los libros,
que no podía vivir sin la música
y que fue amigo de Unamuno,

Cierto que no tuvimos nada,
que muchas veces nos faltaba todo.
Pero aunque algunos días no comimos,
tuvimos una radio para oír a Beethoven,
y un día de Reyes de mil novecientos cuarenta y cuatro
mamá y los tíos fueron al Rastro:
nos compraros tres libros:
La cuesta encantada, *Nómadas del Norte*
y *El último mohicano*.
Dios sabe cuántas veces habré leído esos libros.
Mamá nos trajo *El último mohicano*
y de la mano de ese indio solitario
entramos en el mundo de lo maravilloso
y lo tuvimos todo para siempre.

Y ya nadie podrá quitárnoslo.

Los trescientos escalones

(Fragmento)

Y nos fuimos al Havre para tomar un barco.
Nosotras con dos muñecas y un monito,
papá con su caja de pinturas y un sueño acorralado
un sueño convertido en pesadilla,
un sueño multitudinario
arrastrado como único equipaje
por una inmensa procesión de solos.
Pero aquel barco no llegó a puerto:
esperamos, mientras mamá, para alumbrarnos,
cantaba algunos días *El niño judío*: «de España vengo,
soy española».
No llegó el barco. Llegaron aviones alemanes.
Hubo que caminar a gatas por la habitación del hotel,
que estaba frente al puerto.
Aquel hotel tenía un nombre,
se llamaba La Rotonde de la Gare.
Papá pintaba. Y, como Modigliani,
iba a ofrecer sus cuadros a las gentes. Tampoco a él
le compraban.
Nosotras aprendimos francés en dos semanas.

El reloj de La Gare ha dado un cuarto,
papá me dice que levante la cara un poco más,
dos o tres pinceladas y termina el retrato.
Mi padre, no sé bien por qué, me pintó de japonesa.
Para siempre quedé con mi abanico,
en una edad más bien indefinida
y con una diadema de pensamientos sobre el pelo.

Papá, vamos al puerto, vamos al puerto ahora que
hay tiempo
y luego vámonos corriendo a ver el Bois des Hallates,
vamos, que se perdió tu cuadro y ya solo podré verlo
contigo y para siempre.

Papá, perdimos tantas cosas
además de la infancia y los trescientos escalones que
tú pintaste
nunca he sabido si para decirnos que había que
subirlos o bajarlos.
Y ahora pienso, desde tu mano que me ayudaba
a recorrerlos,
que tal vez me dijiste entonces
que había que subirlos y bajarlos
y para eso los pintaste
y para eso pasaste días enteros
pintando una escalera interminable,
una hermosa escalera rodeada de árboles y árboles,
llena de luz y amor,
una escalera era mí,
una escalera para que pudiera subir,
vivir,
y una escalera para descender,
callar
y sentarme a tu lado como entonces.

DE *LA OTRA MÚSICA*

(1973-1977)

A Paco de Lucía, porque
«sin la música la vida sería un error».

No era la música divina
de las esferas. Era otra
humana: de aire y agua y fuego.

JOSÉ HIERRO

Música del fondo

Aquellos que no han sido buzos
no pueden entender.
Todos aquellos que ni siquiera por una sola vez
han descendido al fondo, esos
no pueden entenderme.
Nunca podrían saber
que hay una música en los abismos
que se levanta desde abajo
como se yergue una serpiente
y nos mira la sangre
con todo su sonido.
Quizá no debería hablaros de esa fiera:
tal vez la música no os interesa nada.
Pero si alguna vez bajáis al fondo,
id preparados para su silbido
o no regresaréis.

El refugiado

¿Soy yo quien anda esta noche
por mi cuarto, o el mendigo
que rondaba mi jardín
al caer la tarde...?

J.R.J.

¿Soy yo, o soy solo el mendigo de mí misma?
¿Seré yo esta criatura que contempla el mundo
con la desolación de un refugiado
que ni siquiera idioma tiene?
¿Seré yo, o soy solo el mendigo de mí misma?
¿Quien es esta persona que tropieza,
este ser discontinuo y vacilante,
este amasijo de torpes preguntas
que se revuelca en su terror?
Zumban moscas extrañas mi paisaje:
hay un olor de herrumbre entre mis sienes
que me siega el aliento como una hoz.
Las sillas tienen aire de campana.
Llega de alguna parte —quizá desde el salón de la memoria—
un denso canto gregoriano. Crece
como si alguien aumentase su volumen en el tocadiscos,
crece hasta taparlo todo, excepto
la figura andrajosa y mendicante
que escapa de un rincón a otro.
Y me arrastra con ella,
me golpea contra los bordes de mí misma
mientras dice que no, cubriéndose con los harapos la cabeza,
aferrándose a su miseria,
dispuesta a defenderse aunque para ello tenga que matarme.

«Cuando Dios quiso»

Amor, recuerdo aquellas tardes, eran
como el mundo era entonces:
primaverales, únicas, inolvidables, breves.
Tenían la tranquila densidad que se advierte
en las tardes que recordaba don Antonio,
tenían la música que tiene la alegría
y el perfume que reserva el futuro.
Ah sí, recuerdo aquellas tardes:
las veo, casi diría que las toco,
se levantan como ángeles guardianes
para que nunca olvide que una vez,
cuando Dios quiso,
fuimos humanamente jóvenes.

Cláusula testamentaria

Pues bien, así como el hambre,
esa feroz demoledora de usos y costumbres,
lleva a veces al hombre,
cuando ya ni capacidad tiene para el delito
—al fin y al cabo una forma de energía—
a abandonar su última propiedad,
es decir, el armazón que lo sostiene, su andamiaje,
y con escasa dignidad, ningún respeto
y un cierto aire de melancolía
ejerce el privilegio de, por unas monedas,
vender sus pobres huesos a la Facultad de Medicina,
así quisiera yo también dejar
a expertos e investigadores
el esqueleto de mi corazón,
su total y desarticulada anatomía,
quisiera yo legarles todas y cada una de sus partes,
y a ser posible todo el enjambre de emociones
que lo arrastró paciente e implacable.
Para hacer mi trabajo
no cuento más que con palabras:
palabras como sobresaltos,
palabras atacadas de antigua taquicardia,
palabras devoradas por ciegos sentimientos,
palabras tan escasas, tan pobres, tan perdidas.
Pero ese es mi esqueleto.
Os dejo un armazón de voces, de quejidos,
un andamio de grietas.
Y os dejo una esperanza y un ruego en esas grietas,
oh dueños del futuro:

haced vuestro trabajo con ahínco,
practicad vuestra disección con entusiasmo
y mostrad que esta era una espantosa manera de vivir.

DE *ENSAYO GENERAL*

(1981-1993)

Falta la vida, asiste lo vivido

FRANCISCO DE QUEVEDO

La vigía

Soy la vigía del desastre, la farera del retroceso y el esplendor de la desdicha. Qué océano infinito se extiende ante mi vista inquisitiva: vigilo por igual lo que implacable avanza hacia la muerte y lo que, muerto ya, se demora en las apariencias de la vida. Atisbo a veces pequeñas confusiones caóticas, fúlgidos elementos terrenales, accidentados por un agua turbia, pormenores de una desolación que el tiempo va petrificando. Desde mi inútil atalaya el suceder extiende sus médanos falaces, en los que flota, inesperada y pútrida, la cicuta mortal del entusiasmo, la constrictora yedra del amor o el voraz tiburón de la esperanza. Oteo, a pesar mío, la extraña aparición de herrumbrosas auroras abortadas, que destilan un denso olor originario, y oigo, de tarde en tarde, el estruendo de vagos cataclismos chirriantes. Descanso pocas veces, salvo cuando la cal de la evidencia roe mis gastados cartílagos, y a veces ni siquiera entonces: el horroroso azar no me consiente desfallecimientos. He visto la verdad y aún sigo viva. La urdimbre que me cerca, y a la que me debo, hace ya mucho tiempo que se desentendió de esa dulce costumbre a la que llaman muerte. Moro en la plenitud del desconcierto y no tengo más ley que la mirada. Aciago es mi destino como lo es aquello que contemplo. No existe un dios al que me sea dado encomendarme.

El actor

Soy inocente. Y mi papel, culpable. Pero amo el teatro tanto como la vida. Entiendo poco mi destino, mas en mi sangre vive una intensa necesidad indefinida mientras el tiempo me acorrala. Poseo un territorio mínimo e infinito y jamás he logrado descubrir al autor del libreto. Pero mi actuación me pertenece y, en ocasiones, durante un breve lapso, sueño con ser el artífice de mis parlamentos, y en los escasos entreactos incluso llego a imaginar que soy dueño de elegir a la heroína de la obra. Mi trabajo es hermoso y desalentador, el público rara vez lo entiende. Apenas tengo vida personal, porque a menudo caigo en la tentación de seguir siendo mis sucesivos personajes. A fuerza de buscar un equilibrio o un reposo —quizás una imposible justificación— he terminado viviendo con la apuntadora. Mas este extraño ser que jamás abandona su concha y que forma parte del espectáculo sin participar en él, en ocasiones hace trampas, altera los diálogos, y estas intromisiones son causa de conflicto con las múltiples heroínas del libreto, de forma que mi papel, la mayoría de las veces, es ininteligible. Soporto mi destino con esfuerzo no exento de entusiasmo algunos días, pero en las largas horas de la noche el sueño no consigue consolarme, pues no logro integrar mis personajes a mi ser, y muchos de ellos velan cuando yo intento abandonarme al sueño. Soy lo aparente y lo oculto al mismo tiempo, y sospecho que he sido abandonado por los dioses. Pero respeto mi trabajo y cuando un día me sea concedido retirarme las máscaras, contemplaréis el triste y desvalido rostro de la maltratada inocencia.

Los figurantes

Nuestra vida es hermosa, pero breve. Y aun así, no la cambiaríamos por una promesa de paraísos infinitos. Vivimos agobiados por el tiempo, mas ese tiempo que nos mata tiñe nuestro existir con el fulgor de lo irrepetible. Somos efímeros, pero tal vez nuestra fugacidad nos eterniza. Nos ha sido negado el porvenir, el instante brilla para nosotros con la perennidad de la luz de los astros ya muertos. Lo extraño, lo asombroso, lo que no encuentra nombre y vive errando, halla en nuestra mirada su refugio, pues quién de entre nosotros osaría perder un solo instante en un gesto que no fuera de amor. Otros tal vez dispongan de un tiempo tan extenso que encuentren razonable dilapidarlo en causas bochornosas. Para ellos vaya también nuestra piedad a cambio de nuestro imposible entusiasmo. Dicen las crónicas que nos han dedicado los eternos, que entre nosotros la razón ha gozado de muy escaso éxito y que frecuentemente hemos caído en el absurdo. Tal vez se hallen en lo cierto, y entregarse a la luz y al sentimiento sean absurdos modos de entender la existencia. Fuera de nuestro alcance queda el noble ejercicio de la justificación que exige un tiempo del que no disponemos. Preferimos cantar, pues nuestro corazón, como el de los niños, jamás termiena de asombrarse. El universo es un regalo tan inabarcable como nuestra capacidad de gratitud. Ojalá los eternos dejen constancia en sus crónicas de nuestro amor por el amor, y esa emoción se constituya en toda nuestra historia.

Argumentos
(Los cantos de la troyana)

El polvo del olvido es un sudario
que anticipa la muerte en nuestra vida;
su capullo de escarcha endurecida
es un sepulcro fiel y solidario

donde mueren sumisas a diario
las horas de una dicha compartida,
de una dicha que fue pero ya es ida,
aunque resta un perfume funerario.

Vivir como si no hubiésemos sido
aquellos milagrosos habitantes
de una tierra de músicas y canto

es como pretender no haber vivido,
como aceptar que fuimos comediantes:
prefiero convivir con el espanto.

Insistes en la vida febrilmente,
como si todo fuese aún posible
y el futuro supieses apacible
y no esa oscura nada indiferente.

Insistes, desolada e inocente,
en negarte a aceptar que lo terrible
es el único puerto permisible
hacia el que vas inexorablemente.

Qué fue de aquel candor, aquel exceso
que alentaba tu vida como un credo:
soñaste que lo vivo era lo junto.

Pero el sueño quebróse como el yeso
y has quedado al final, como en Quevedo,
presentes sucesiones de difunto.

Siempre en amor vivimos de limosna,
solo tenemos lo que buenamente
nos quiera conceder ese demente
que nos hiere, nos hunde y nos trastorna.

Su puerta inexorablemente entorna
y es inútil rogar que sea clemente,
nos ignora y la cierra dulcemente
y nada lo conmueve o lo soborna.

Y detrás de esa puerta agonizamos,
y detrás de esa puerta damos voces
y suplicamos que nos den consuelo.

Pero nadie responde a estos reclamos,
aunque oímos susurros, risas, roces:
la puerta es sorda y muda como el cielo.

Cómo me duele a veces no tocarte,
es como si las manos me escocieran,
como si mis entrañas discutieran
en un duelo en que tú no tomas parte.

Qué fatal precipicio es desearte,
ansiar tus dientes aunque me escupieran,
adherirme a tu piel y que me hicieran
una herida mortal al separarte.

Sueño con unos ojos que no miran,
con unas manos que saludan solo
y que jamás me rozan ni me llaman.

Los recuerdos enferman, se retiran,
y sosegadamente los inmolo:
la tristeza y el llanto los difaman.

No me atrevo a morirme por si es cierto
que después de la muerte solo hay nada,
por si esta desazón enamorada
muere conmigo y con mi desconcierto,

pues ni siquiera muerta a verme acierto
olvidada de ti, desamorada.
Me someto a vivir desesperada
por si en la muerte hasta mi amor es muerto.

Si pudiera morirme sin matarte,
si al acabarme tú no te acabaras,
qué descanso escapar de este calvario.

Ya ves dónde me lleva esto de amarte,
a no poder morir aunque me odiaras
y a aferrarme a este amor, a este sudario.

DE *PAVANA DEL DESASOSIEGO*

(1993-1998)

A Susana y Arnoldo Liberman,
que un día nos hicieron el regalo
de compartir su vida con nosotros.

Habla pero no separes el no del sí. Y da a tu decir sentido:
darle sombra.

PAUL CELAN

Y la sensación de que todo es un sueño,
como cosa real por dentro.

FERNANDO PESSOA

Desde ninguna parte

Caballos o delfines,
y un mar, un mar primario.
Olía intensamente: una fragancia
de pasto y litoral, de espuma y hierba.

Se escuchaba a lo lejos un galope,
un chapoteo, quizá una zambullida.
Eran caballos o delfines
y venían desde ninguna parte:
pero estaban aquí, cerca de todo.
Lloraban o cantaban
y no había tiempo, no quedaba tiempo.
Lentamente subía la marea
y el corazón bajaba atolondrado
a una imposible tierra prometida
donde el origen canta húmedo
con la vaga promesa de un futuro.

Todo estaba a la espera de un destino
con la tibia inquietud que anuncia el alba.
El corazón, ansioso, tanteaba,
y en la noche desierta y perentoria
lloraban las estrellas su desdicha,
su eterno acabamiento iluminado.

Bajo la luz oblicua de la luna
temblaron desolados los zarzales
y el corazón oyó sobre la tierra
un galope continuo y venidero.

¿Eran caballos o delfines?
Atónito, mientras los otros duermen,
dibuja en las paredes de la cueva
la misteriosa imagen de sus sueños:
¿caballos o delfines? No. Bisontes.
Apenas queda tiempo, el sol apunta.
Las estrellas, a salvo en su mortaja,
vigilan desde un cielo sin promesas
el incierto destino de una especie.

Había poca luz

Polvorientos sueños que corren como jinetes negros,
sueños llenos de velocidades y desgracias.

PABLO NERUDA

Tal vez fuese en un sueño confuso y polvoriento,
en uno de esos sueños que luego nos persigue
y nunca nos alcanza, o que nunca alcanzamos.
Pero era tan real como si fuese nuestro.
¿O alguna vez lo fue y después lo perdimos?
Se espesaba la niebla como si fuese aliento,
como si fuera un vaho en un cristal
y dentro de ese vaho latiese
algo muy verdadero, algo ya muy lejano,
muy nuestro y muy perdido.
Había poca luz, pero mucho silencio:
sin embargo, un secreto relataban las olas,
un secreto que olía como los cementerios,
como huele el silencio detrás de los cristales
o como huele un grito que se ahoga en ceniza.
Vi las alas rozando los mástiles sonámbulos:
había poca luz y mucho desconsuelo.
Como un eco en el tiempo oí las campanadas:
el reloj de la torre, como un faro fantasma
daba un último aviso para los pasajeros.

Mis pocos años vieron, desde ninguna parte,
los barcos y los sueños alejarse en la bruma.

Del otro lado

No puedo despedirme
porque no quiero que se vaya.
Es cierto que no logro encontrar
una definición precisa, algo
que diga exactamente lo que fue
¿o lo que sigue siendo?

Vivir es un acercamiento desvalido
a todo lo que importa.
La torpeza y el llanto nos confunden
y a veces la alegría
nos ciega con su luz intermitente.

Vamos de la sonrisa al desconsuelo
tanteando a la luz de la piedad.
De la derrota al salvamento vamos,
de la absoluta ruina a la abundancia
de un cargamento de despojos.
Pero cuánto esplendor, cuánta leyenda
en el viejo almacén de la chatarra.

Vamos, desoladoramente vamos,
inútilmente vamos mientras
la enamorada muerte nos empuja,
nos va abriendo camino
y nos va consolando como puede.
Seguramente está del otro lado
y por eso no puedo despedirme
y por eso no quiero que se vaya:

quiero vivir también al otro lado,
pero no queda luz ni quedan lámparas,
solo quedan palabras, voces
llenas de compasión y de nostalgia:
acompáñame, quédate, no huyas,
quédate, quédate un poco más,
solo un momento, mientras
oigo crecer del otro lado algo
que me acompaña y no me desconsuela.

No era ningún lugar

No era ningún lugar, pero tenía
pobladores y barcos y horizontes.
No tenía fronteras ni desiertos,
pero tenía estrellas, lluvia y pájaros.
Y tenía postales y canciones,
y objetos asombrosos e inservibles,
caleidoscopios, lápices, tinteros.
Olía a terraplenes y fantasmas,
a tierra humedecida por la lluvia,
a hojarasca quemada en el otoño,
a foto vieja, encaje y abanico.
No era ningún lugar, no tenía forma,
y sin embargo, se podía llegar,
aunque nunca supimos cómo.

No sabemos qué ocurre, pero estamos,
hemos llegado al fin a ningún sitio,
y allí todo es incierto, pero acoge.
No hemos llegado por ningún camino
y por ninguna senda partiremos.
Rezaremos despacio una plegaria
y oiremos la canción de las luciérnagas.
Y sin saber por qué ni en qué momento
habremos regresado a la nostalgia
y al extender las manos sentiremos
el calor tibio de lo que se ha ido,
como si allí se hubiera cobijado un jilguero.

Triste asombro

Tengo miedo, Señor,
y ya es de día.
SAN JUAN

Seguramente el mundo era tan imposible y duro
como ahora;
seguramente entonces vivir era muy grave,
muy difícil,
muy arduo, como ahora. Seguramente siempre
esto ha sido terrible, vengativo y contrario,
y sin remedio.
Mis queridos antiguos, mis lentos fundadores,
no sé cómo pensaros, no sé cómo acercarme
a la loca leyenda de vuestro corazón.
Desde qué territorio llegar hasta vosotros,
desde qué pozo escuchar vuestra angustia,
ciega como el cansancio.

Sin pasado y sin música, vivir es solo un hecho,
un accidente turbio que se encona
y araña en las paredes del silencio
mientras inexplicablemente nieva.

El tiempo puede ser interminable
cuando el futuro vive en otra parte.
Y un corazón vacío de recuerdos
no es más que un sobresalto en la intemperie.

¿Amanecisteis demasiado pronto?

Tal vez la vida aún estaba poco preparada,
quizá vuestro momento era más tarde
y algo quedó inconcluso, inacabado.
Algo quedó perdido en algún hueco,
en un espacio extraño y vagabundo,
que busca inútilmente su cobijo.

Todo esto, sin embargo, es poca cosa,
todo esto es lo de siempre:
las viejas cicatrices que nadie sabe quién,
que nadie sabe cómo y mucho menos cuándo.
Todo esto es tan antiguo como la misma muerte,
tan confuso y tan raro como la misma vida.
Es una triste historia que nadie desconoce.
Pero todos olvidan.

Es una incierta historia que empezó antes
que el Tiempo.
Somos una leyenda que se borró a sí misma,
un petroglifo roto al que le falta texto,
pero le sobra sangre.
Esto no empieza, pero siempre acaba.

Ante la escasa luz de las hogueras,
algo sufre sin entender qué ocurre,
algo mira la noche que lo acosa,
algo siente que todo se le escapa,
que vivir es muy raro y sin respuestas.
Mis huérfanos de nadie, mis perdidos,
tan solos, tan sin nada, tan lejanos.

Sin embargo, Dios mío, sin embargo,
¿cuál de vosotros nos legó esta angustia?,
¿quién se atrevió a mirar a las estrellas?,
¿quién sonrió y lloró esperando ayuda?
Desde un tiempo sin Tiempo, sin memoria,
desde un vivir sin música y sin canto
llega un asombro manso y desolado:

brilla el sol y tengo miedo.

Pavana del desasosiego

Y de pronto la vida se explica de otro modo,
y nuestro corazón se vuelve loco.

Todo se ha transformado en un instante,
los árboles susurran como niños
que estuviesen contándose un secreto.

Desde algún territorio inolvidable
llega el canto coral de las ballenas.

Tú te sientas al borde de la música,
hundes tu corazón en los abismos
de una luz que propaga un fresco aroma
de naranjos en flor, de caracolas,
de miradas que brotan como espigas
y que vuelven de no se sabe dónde.

El tiempo te acompaña enternecido
y en la penumbra llora una guitarra
una canción para que duerma el mundo.
La voz de la piedad cruza el silencio:
escondida en la música, la vida
cuenta la historia de su amor secreto.

Ay amor, loco cisne abandonado,
ay amor, que una vez nos contaste tu leyenda
para marcharte luego a recorrer el mundo.
Ay amor, ay amor, dulce alimaña,
doméstico caimán que nos devora

sin dejar de llorar desconsolado, ay amor,
que te fuiste tan pronto, tan sin causa,
cuando dolías tanto que pensábamos
que ibas a ser eterno.

Y ahora vuelves, regresas con tus lágrimas,
con tus alegres lágrimas traslúcidas,
con tu llanto inmortal y tu rocío,
tu aguacero de ópalos que buscan
las amapolas de nuestro corazón
para condecorarlo de pálida hermosura.

Y de pronto la vida se explica de otro modo
y la tarde regresa a la mañana,
y la noche se enciende como un cráter
que todo lo calienta y lo ilumina.
Y el tiempo, el viejo tiempo abandonado,
escucha la canción de la guitarra,
oye con estupor su anochecida historia.

Dentro de los espejos, los recuerdos
juegan al corro y a las cuatro esquinas
y la música tiembla en el azogue
como una mariposa deslumbrada.

Ay amor, ay amor que nunca acabas,
que regresas cantando tu canción
y a su compás la vida cambia el paso
y de pronto se explica de otro modo
y se encienden las luces de la casa
y todas las ventanas dan al mar.

Ay amor, ay amor que nunca mueres,
que sigues remendándote las alas,
pisando con cuidado los escombros
como si fueran campos de cantueso.

Ay amor, ay amor, luna creciente,
guitarra, clavicordio y violonchelo
de una orquesta que vaga por el aire
regando con su música el desastre
mientras el corazón despavorido
siente cómo lo acunas
con tu pavana del desasosiego.

DE *LOS MAESTROS CANTORES*

(1992-2000)

¿Qué hacías tú en la guerra, Garcilaso?

A cada cual lo suyo, pero dime ¿qué hacías tú en la guerra, desdichado? ¿Qué hacías tú en los campos de batalla, si lo tuyo era el prado nemoroso, el murmullo del río y los pastores?

No puedo imaginarte lanza en ristre, no te puedo pensar hiriendo cuerpos o revolcado en sangre. Tú con peto, loriga y estandarte. Tú defendiendo imperios y ambiciones. ¿Cómo pudo pasarte ese estropicio? Si tu ambición estaba en las palabras, en las remotas ascuas de los verbos, en la súbita llamarada de un pronombre que ardía como un grito en el desierto.

Lo justo hubiera sido que murieras de amor, como Abelardo, que hubieses acabado entre unos brazos, repitiendo *te quiero*. Pero morir en una tierra extraña, morir lejos de Elisa, caballero, lejos del cielo que abrigó tus ansias. Qué estafa, amigo mío, qué injusticia. Contigo fue el destino bien avaro.

Cuando leo tus versos temblorosos, tus sonetos, tus dolientes endecasílabos, tus églogas, tu vida: siento que la nostalgia me devora. Lo justo hubiera sido que cayeses entre suspiros, que terminases recordando los ojos de tu amada y confundiendo aquel temblor postrero con la dulce inquietud de sus caricias. ¡Oh mi incansable amante, mi empecinado soñador, no tiene Elisa lágrimas bastantes para llorar conmigo!

La lección imposible

Decías en tu oscura celda: *al caer la tarde todos seremos examinados de amor*. Al atardecer, precisamente entonces, cuando parece que la vida acaba, cuando el tiempo es como un encaje de ceniza, justo en ese momento, en esa pausa apenas perceptible en la que no sabemos cuál es la historia de nuestro pobre corazón, entonces, implacablemente, habremos de rendir nuestra lección,nuestro acervo de mieles y fracasos, nuestra desolación más mítica y profunda, nuestra inútil sabiduría inacabada. Al caer de la tarde en la curva aturdida de la luz, en esa trayectoria de indecisa tiniebla, cuando apenas si somos lo que fuimos, cuando ya el abandono es nuestra meta, entonces, oh perito en lunas imposibles, frailecito tenaz, reo de la pasión más despiadadamente abrasadora, seremos obligados a exponer nuestro acopio de ruinas y despojos: dejaremos el corazón a la intemperie y oirás con estupor su crónica, el eco de su cueva, donde a lo lejos suena intermitente y tímido el tambor infantil que un día nos brindó la dicha, pues, qué habías tú creído, Juan de Yepes, que era el amor sino este caos.

¿Sigues siendo un aventurero?

Seguramente sí, seguramente. ¿Qué ibas a hacer si no con Clavileño, con Rocinante, con Sancho y hasta con el barbero? Seguramente, cada cierto tiempo, te devora el recuerdo de tu sueño y tienes que volver, no hay más remedio: te echas el hato sobre las espaldas, silbas a Clavileño o Rocinante, y le das una voz a Sancho, al viejo Sancho que viene presuroso y asustado y de nuevo al Toboso, a los caminos, de nuevo al equinoccio de la vida, otra vez a bregar con los molinos. Porque si no, qué iba a ser de nosotros, cómo íbamos a vivir sin tu ayuda. Pero no hay caso, estoy segura. Sigues siendo el magnífico defensor de causas pobres, el valedor de los desheredados, el líder de los oprimidos. Todas las Dulcineas de este mundo soportan su destino porque saben que un día, de repente, Sancho aparecerá con tu misiva. A no ser que hayas decidido volver con Clavileño a la Cueva de Montesinos, olvidarte de lo que aquí sucede y organizar una tertulia con la cabeza parlante. O sea, hacerte el loco. Pero, cómo ibas tú, precisamente tú, el loco más sensato de este mundo, el más lógico visionario del planeta, el ilustrado más tiernamente analfabeto del universo, cómo ibas tú, aventurero insigne del mercado, trotamundos genial del miserable abastos, a hacernos semejante estafa. En jamás de los jamases, nunca mientras subsista un solo átomo de vida y de esperanza. Lo sé, lo sé perfectamente, caballero. Nunca nos abandonarás, siempre estarás a nuestro ladodispuesto a defender lo indefendible, a desfacer entuertos. Mi señor don Miguel de Cervantes y Saavedra, mientras sigas velando por nosotros, nada podrán hacernos los verdugos.

¿Querrías hacerme el honor, Sire?

No sé cómo pediros semejante favor, caballero, no sé qué hacer para acercar mi voz a vuestra altura, a ese vuestro tono tan extremosamente delicado, tan virilmente dulce. No hay flauta ni dulzaina ni arpa eólica que puedan competir con vuestro verso. No hay duda que los dioses estuvieron presentes en vuestro nacimiento; vuestros verbos auxilian las palabras como si fueran ángeles guardianes y el adjetivo brilla por su cuenta y los adverbios bailan minuetos y todo en vuestra lengua es como coro que alaba y reverencia al viejo idioma. Señor y paladín de tanto precio, defensor del amor y otras virtudes, vos que llorasteis tanto a Garcilaso, que hincasteis la rodilla ante el fraile de Yepes y hubierais muerto de muy buena gana para estar con Sijé en la nueva orilla, tened piedad de mí, sed generoso y allá donde os halléis, tal vez en un sereno aparte campesino o departiendo a solas con Quevedo, permitid que una vez, tan solo una, pueda escribir un verso como este: «Por desplumar arcángeles glaciales»... Bien pensado, señor, tal vez sea imposible. Bien pensado, mi señor don Miguel Hernández, para qué necesito yo repetir ese milagro. Escrito está y para siempre. Gracias os sean dadas, príncipe.

DE *LA HERIDA ABSURDA*

(2000-2006)

Para Sylvia Iparraguirre y Abelardo Castillo

Negativos

Tinieblas es la luz donde hay luz sola.

MIGUEL DE UNAMUNO

Pero si tú tienes razón,
si tu herida te justifica
y la muerte florece entre tus manos
con el mismo desinterés que la cicuta,
entonces,
ignominioso constructor de patrias,
sé un elegido de los dioses
y revienta pronto.

Detrás del miedo siempre está la sangre.
Y detrás de la sangre siempre hay un abismo.
Y detrás del abismo siempre hay una herida.
Y detrás de la herida siempre hay una historia.
Y detrás de la historia siempre hay una vida.
Y detrás de la vida siempre hay un espanto.
Y detrás del espanto siempre hay mucha sangre.

Se fue haciendo de noche
sin que advirtiera que llegaban las sombras.
Tratando de imponer una abstracción
se quedó sin conciencia.
          Y todo lo vio claro.

Algunos piensas que es patriota.

Trasparencias

Lo último que nos queda a los dos:
algo de lenguaje,
algo de destino.

PAUL CELAN

Ya sé, no me digás, tenés razón,
la vida es una herida absurda.

CÁTULO CASTILLO

Y algo que es tierra en nuestra carne siente
la humedad del jardín como un halago.
ANTONIO MACHADO

¡Qué rara sensación la de habitar
en la increíble entraña de las cosas!
¡Qué latido poroso en nuestra carne
al deslizar la mano por el árbol!
¡Qué loca escaramuza en nuestro núcleo
oyendo al corazón de la madera
solicitar la sangre como savia!
¡Qué misterio vivir dentro del resplandor
de una pálida corola!
¡Qué laborioso estrépito en el alma
cuando escucha el temblor de la gacela
y bebe desde el miedo un agua breve!
¡Qué escándalo ser parte de la vida,
y que esa vida muera de repente!

Oscuramente sé que el mar y el cielo,
el lince, la libélula y el topo,
el abedul, el pino, la palmera,
el buitre, las alondras, los delfines
y el canto sideral de las ballenas
viven dentro de mí o vivo en ellos.
No soy más que un asombro alucinado,
un extraño animal que bebe tiempo.

Ven a mi lado, antiguo compañero,
siéntate junto a mí y oigamos juntos

la desdicha enjoyada del desastre
que brota de la voz de la guitarra.
Ven a escuchar el resplandor sombrío
de un niño en Algeciras,
de una angustia mayor que las salinas,
y más abrasadora que el viento de Levante.
Quédate junto a mí y oigamos juntos
la leyenda de un grito en Algeciras,
el incendio de amor que brota de una herida,
la orfandad prodigiosa de una música
que devuelve al dolor su antiguo oficio,
de venencia curtida en su labor
que transforma el desastre —oh alquimia dulce—
en un vino azufrado de inocencia
que maceró, despacio, en Algeciras,
sobre el negro brocal de la guitarra.

Amanece el destino en esta música
con su extraño cortejo de impiedades,
de grietas que respiran y se quejan,
y no saben qué hacer con el vacío,
con la vida que empuja y no consuela.
Pero quedan los ópalos del llanto,
queda el túnel secreto de la música,
el sortilegio errante de las notas,
su cosecha de soles y de sombras.
Y queda para siempre el desconsuelo
de un naufragio de adioses y de cantos,
el ascua del recuerdo hecha delirio,
navegando en las costas de Algeciras
mientras crecen y crecen sin descanso

las manos y los ojos de aquel niño,
mientras crece su corazón hacia el destino
como crece el abismo en su guitarra.

Cuando recuerdo que una vez fui niña
se me suele caer algún objeto;
una veces la cosa tiene arreglo:
basta con agacharse y recoger del suelo
un libro, algún zapato, quizás una carpeta.
Otras veces la historia acaba en muerte súbita:
un plato menos, un florero, un vaso.
Yo recuerdo mi infancia y no sé cómo
casi siempre termino recogiendo escombros.
Claro que, en ocasiones, esos escombros brillan:
las migajas de duralex tienen algo muy parecido a las burbujas
que les da un cierto aire de bisutería;
en cambio, los pedazos de porcelana
lo primero que muestran son los bordes
y un como avergonzado desconcierto;
el cristal, por su parte, siempre es joya,
el destrozo no altera su hermosura,
un pequeño fragmento, una mínima esquirla,
mantiene inalterable el fulgor de la transparencia.
Suelo inclinarme entonces con ternura
y recoger despacio, uno por uno,
esos frágiles testimonios de un vacío,
de una oquedad vibrante y misteriosa
que una vez albergó flores y aroma.
A veces la recolección acaba en sangre,
lo intangible de vez en cuando corta.
Y ese corte produce en mí una quieta angustia,
una extrañeza amortizada en llanto
y un repentino amor hacia mi vida,

mi testaruda vida consecuente,
tan repleta de dichas y de espantos,
tan pegada a los huesos de mi cuerpo,
tirando del vivir sin darse tregua,
sin quererse parar por si el tiempo la vence.
En momentos así,
entre trozos de porcelana y flores secas,
entre restos de fuegos fatuos
levemente apagados por el polvo,
me gusta echar la vista atrás y ver
paisajes y cancines y aguaceros,
mañanitas al borde de la playa,
la niña que yo fui jugando al corro con mi hija,
haciéndole las trenzas y recordando historias
que me contaba a mí mi abuela.
Por un momento todo vive junto:
mi asombro frente al mar allá en Levante,
la radiante alegría de mi hija entre
las verdes aguas de la Isleta del Moro,
y el sobresalto náufrago y absorto
de los ojos de Félix en Cantabria,
mirando sin creer lo que veían
en el atardecer de El Sardinero:
un mar tan desmedido como el Tiempo.

Hay que ver lo que puede florecer en nuestro corazón
un día cualquiera, una mañana como tantas,
una de esas mañanas en que de pronto,
sin motivo, sin causa, recordamos
que hace ya mucho tiempo tuvimos una infancia.
Y el hermoso jarrón se nos escapa de las manos

y vemos en el suelo un arcoíris de luz diseminada.
Pero en cada fragmento tiembla y huele
el aroma de un tiempo deslumbrante.
Un tiempo que murió para ofrecernos
este dolor que nos abriga y nos consuela ahora.

Cómo germina la humedad del tiempo.
Su agua delicada, su rocío
nos baña lenta y silenciosamente
como una fuente oculta y rumorosa,
manantial impaciente y abismado,
lluvia contemporánea del recuerdo
que cae sobre las médulas del alma
para que sin saber lo que sucede
un día, una mañana, cierta tarde
se ilumine el espejo del olvido
y veamos aparecer sobre sus aguas
los paisajes de un tiempo alucinado,
ocultos tras las ruinas susurrantes
de lo que fueron sueños trepadores,
presurosas enredaderas perfumadas
que creían crecer hacia un futuro
vuelto hacia el sol como los girasoles.
El tiempo y su humedad germinadora,
su loca primavera que florece
cuando nadie lo espera, sin aviso,
tal vez porque la vida se tropieza,
se enreda de repente en nuestra alma
y nos quedamos solos e indefensos
frente a lo que una vez fue solo música,
canción de lo que vive sin palabras.

Mi hija y yo recorremos las calles
con la esperanza de encontrar el mar.
Es domingo y las calles brillan quietas
en este atardecer del mes de mayo.
La ciudad tiene aire de aula de colegio
que aún conserva las voces de los niños.
Mi hija y yo paseamos despacio,
navegamos los bulevares largos y desiertos
confiando en que el aire nos sorprenda
con el olor a brea de la costa.
Y algo de marinero hay en la tarde:
una melancolía de marea,
un rumor que se pierde en la arboleda
distribuyendo pájaros y peces.
Mi hija y yo cruzamos las aceras,
mientras la tarde lucha por quedarse:
todo late despacio como el mar.
Cruza el aire un vencejo solitario
y al volver una esquina, sonriente,
nos saluda la luna.

¡Oh ciudad, caracola de cemento!

DE *NANAS PARA DORMIR DESPERDICIOS*

(2006-2010)

A Mariángeles Gutiérrez e Ignacio Cobeta

Yace la vida envuelta en alto olvido

FRANCISCO DE QUEVEDO

Nana de los escombros

A lo mejor lo que yo necesito
es encontrar un profesor de música.

A lo mejor lo que me haría falta
es tener buen oído.

A lo mejor lo que preciso
es una partitura.

A lo mejor, a lo mejor...

Da igual, sé que da igual, lo importante es cantar,
cantar para que duerma al fin
eso que llora y llora sin parar
dentro del corazón aquel
lleno de escombros.

Nana para dormir relojes

No es más que un sueño.
                                        Ya lo sé. Pero
como nadie conoce dónde empieza la muerte
y mucho menos dónde acaba la vida
                                                  yo quisiera
cantar esta nana para dormir relojes.
                                                  Me gustaría creer
que el tiempo es solo un sueño, un escuálido
desperdicio,
                                                  y que es posible
cantarle a los relojes una nana que logre
dormidos por un rato.
    Dormidos mientras sigue la vida amaneciendo.
Pararlos despacito
    mientras sigue la vida viviendo a nuestro lado.
Mientras mi madre canta,
                              mientras pinta mi padre.
Mientras la triste guerra no nos alcanza nunca,
mientras las niñas duermen
soñando que les cantan:
«A la nana nana nana
            duérmete reloj
                              que la muerte es mala».

Nana de las mondas de patata

Cada día estoy más segura
de que la Historia de los desperdicios
debería figurar como uno de los apartados más importantes
de la Sociología.

Si nos tomásemos este tema en serio,
la Historia de los desperdicios
ocuparía varios anaqueles de la Biblioteca Nacional,
lo que nos permitiría valorar como es debido al desperdicio.
Habría que preguntarse qué hubiera sido de nosotros
sin el apoyo de los desperdicios.
Piénsenlo.
Piensen en 1943,
cuando lo importante no era el petróleo
sino el hambre, la espantosa hambre.
Acuérdense
de aquellos adorables tiempos de nuestra niñez
en los que vivimos aventuras formidables,
tan formidables
que parecían una de aquellas películas en blanco y negro.
¡Qué tiempo el tiempo!, como nos dijo Juan Ramón.
En aquel tiempo todo era aventura,
en aquel tiempo, en el tiempo aquel
en el que teníamos una misión que cumplir,
en aquel tiempo deslumbrante y larguísimo,
como en las películas del llamado cine negro,
nuestra misión era decisiva para la supervivencia de la especie:
teníamos que encontrar comida;
el mensaje que nos habían enviado era ese:
había que encontrar comida aunque arriesgásemos la vida.

Y eso hicimos,
arriesgamos nuestra pobre existencia,
fuimos como posesas tratando de encontrar comida en
cualquier sitio.
Y a veces, como en las películas de aventuras,
se produce lo inesperado.
¿Quién iba a sospechar
que en los cubos de la basura
había un tesoro al que llamaban desperdicios?
Y entre esos resplandecientes desperdicios
estaban las mondas de patata.
Así que cumplimos nuestra misión
y nos comimos no solo las mondas de patata:
nos comimos también las de naranja y las de plátano.
¿No creen ustedes que la Historia de los desperdicios
merecería ser una asignatura de esa curiosa ciencia
a la que llaman Sociología?

Les aseguro que datos no van a faltar.

Nana de los libros viejos

Aquel tenducho,
porque verdaderamente
aquello era un cuchitril,
una especie de sotanillo al que se entraba
después de bajar unos cuantos peldaños,
aquel escondrijo al que llamábamos
la tienda verde
puesto que su dueño había pintado la fachada de verde,
aquella cueva era, sin embargo,
l a cueva del tesoro.
Allí, democráticamente apilados,
había montañas de libros viejos,
algunos viejísimos,
tan viejos que se les caían las hojas como a los árboles,
otros, más afortunados, habían sido remendados,
como los calcetines o los zapatos
Porque un libro, señores, es una prenda de abrigo.
Y el dueño de aquella tienda lo sabía.
Por eso, cuando nosotras entrábamos
con nuestro exiguo caudal,
él nos impartía la oportunas instrucciones
para que nos moviésemos con precaución en su establecimiento:
nada de manoseos con los libros,
los libros se desgastan, se estropean,
se les rompen las hojas o se les caen
y ya no abrigan, ya no sirven.
Muchísimo cuidado con los libros,
sobre todo con los que están encuadernados:
un libro encuadernado es algo serio,

las pastas son como las paredes de una casa,
y dentro de esa casa podemos encontrar de todo.
Por eso el dueño de la tienda nos decía:
un libro encuadernado es un tesoro
y los tesoros, ya se sabe, cuestan caro.
Nosotras mirábamos con avidez los libros,
sobre todo los viejecitos,
los que tenían aire de perro apaleado;
y eran como de la familia
y además tenían la ventaja de ser muy baratos.
Claro que, como decía el dueño,
aquellos pobretones debían abrigar muy poco.
Pero nos daba igual, ya los arreglaríamos en casa.
Así que hacíamos tres montones
y el dueño nos cobraba una peseta
por aquella montaña de desperdicios,
aunque antes de marcharnos
nos decía muy claro:
me los tenéis que devolver el lunes.
Y no creáis que no sé yo las hojas que tiene cada uno.

Y el sábado empezaba la aventura
porque lo que el librero no sabía
era que en cada libro había una mina
y a veces, cuanto más viejo el libro
mejor era la mina.
Y aquellas páginas marchitas
calentaban como una gran hoguera.
Y así, durante muchos sábados y domingos,
rodeadas de desperdicios ilustrados,
vivimos el milagro de abrigarnos

con las maravillosas páginas de Tolstoi en *Resurrección,*
o con las aventuras de Mark Twain,
con las desdichas de las *Pobres gentes,* de Dostoievski,
con los *Viajes de Gulliver.*
Pasamos hambre con Knut Hamsun y comimos su *Pan.*
Viajamos al espacio y al fondo de los mares con Julio Verne.
Aquellos desperdicios de papel, desencuadernados y rotos,
fueron para nosotras
la deslumbrante Biblioteca de Alejandría.

Nadie ha tenido una universidad más mágica que aquella.

DE *HISTORIA DE UNA ANATOMÍA*

(2010)

Fisiología

Un cuerpo dice la verdad. No siempre,
ni a la primera, pero siempre es el cuerpo
el que la dice.

J. M. COETZEE

En algún sitio de este cuerpo

Se quejan las heridas
en algún sitio de este cuerpo
y me reclaman y me piden cuentas.
Se quejan de una vida que no quieren:
lo mismo que se quejan los creyentes
se quejan machaconas las heridas
como si yo fuera su dios
su omnipotente y misterioso dios.
Pero ni la divinidad ni yo podemos hacer nada.
Hace ya mucho tiempo que la ruina
la desdicha y la melancólica tristeza
invadieron el territorio de la carne
y en algún sitio de este cuerpo
gritan los navajazos gritan las quemaduras.

Frente a tanto lamento sin destino
siento crecer en mi interior
algo que se parece a la piedad.

La sed

El caso es que a mí el agua no me gusta.
Claro que esto no es del todo verdad
hay momentos hay días en que tengo mucha sed
y en esas ocasiones el agua es un alivio.
Pero no es que me guste el agua
lo que sucede es que no soporto la sed.
En cuanto tengo sed no hay quien me pare:
agua y agua y agua es como si quisiera ahogarme.
Y siempre que me meto en esta aventura
acabo recordando los versos de Machado:
«Bueno es saber que los vasos
nos sirven para beber;
lo malo es que no sabernos
para qué sirve la sed».

Algo dentro de mí siempre pregunta
¿no existirá algún sitio
donde poder dar las gracias
al maestro?

Digestiones difíciles

He de reconocer que lo llevo mal.
Quizás lo que sucede es que la Historia
interviene en casi todos mis procesos digestivos.
Todos venimos de algún sitio
todos tenemos antecedentes
y hay que reconocer que algunos de nosotros
(por otra parte gente de lo más corriente)
tiene sin embargo un expediente muy poco usual.
Y claro este tipo de cosas ya se sabe
cuando menos te lo esperas
pues van y te cortan la digestión.
Porque la digestión como es bien conocido
es un proceso que exige reposo y calma.
Pero como decía mi abuela
no se puede tener todo en esta vida
es decir no se puede tener un historial como el mío
y confiar en que tu estómago funcione como un reloj.

Claro que a estas alturas del suceso
lo que menos importa es nuestra víscera
tampoco importa mucho el alimento que ingerimos.
Lo que nos atropella
lo que nos hace tener el estómago en un puño
son los ojos enormes de ese niño
que nos mira comer desde el televisor
sin apenas poderse sostener sobre sus piernas.

Anamnesis

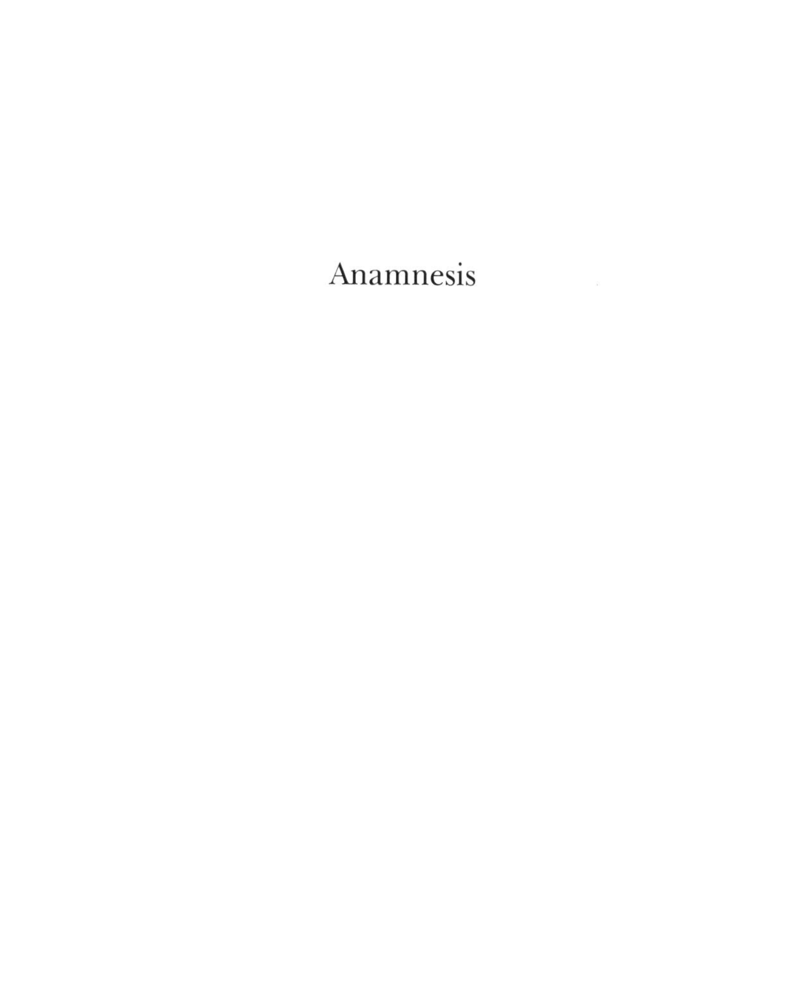

Toda vida no es más que un fragmento.

FRANZ KAFKA

Expediente

La paciente dice haber nacido el 27 de octubre de 1930.
El dato nos conduce a un período de la historia de nuestro país
francamente malo por no decir malísimo.
Ahora bien si tomamos en consideración
aspectos tan importantes para la salud
como la formación del carácter
que a estas alturas ya nadie pone en duda
salvo algún que otro majadero
es decir si consideramos que en 1936 nuestra paciente
tenía ya la vetusta edad de seis años
pues habremos de deducir que
la enferma tuvo este hecho a su favor
para enfrentarse a los desdichados acontecimientos
que asolaron a este trozo de tierra
que conocemos con el nombré de España.
Que en ningún momento ha sido ni una
ni grande ni mucho menos libre.

Dicho esto vamos a pasar a los datos y antecedentes personales.

Datos biográficos

Fue mi padre un hombre
alegre donde los haya.
Nació para pintar y eso hizo.
Nació también para disfrutar
y también hizo eso.
Amó en su vida varias cosas:
la pintura la justicia
y a mi madre.
Tuvo tres hijas
y eso lo convirtió en un hombre feliz.
La tragedia de la guerra civil del 36
contribuyó a demostrar hasta qué punto amaba
la Justicia.
Pasará a la posteridad como
un magnífico pintor republicano
al que la dictadura franquista
asesinó en 1942 por defender
a un Gobierno legítimo.

Mi infancia son recuerdos de sus cuadros
sus canciones su risa su amor por mi madre
y algunas horas terribles
«que recordar no quiero».

Ignorancia

¿Será verdad que la patria del poeta
siempre es la infancia?
¿Guarda lo categórico en su entraña
un cogollo de falsedad?
¿Siempre? ¿Siempre?
¿Cuándo deja de ser siempre?
¿Todos hemos tenido alguna vez
el mundo en nuestras manos?
¿Qué hacer con los que solo sostuvieron la nada?
¿Qué sucede con los que crecieron en la sombra?
¿Cuándo empieza la vida?
¿En qué momento no hay más remedio
que mirar atrás?
¿Hay un instante que de pronto
adquiere voz y nos llama?
¿Y es esa voz la que nos obliga a volver la cabeza?
¿Y esa mirada hacia el principio
nos conduce a la tierra prometida
la milagrosa patria del poeta?
¿Y qué hacemos cuando esa tierra esa patria
es oscura como el abismo?
¿Cantamos sonreímos lloramos
damos gritos o pedimos socorro?
¿Socorro para todos?
Válgame dios socorro.

DE *CONVERSACIONES CON MI ANIMAL DE COMPAÑÍA*

(2012)

A Félix, como recuerdo de aquel 30 de mayo

[...] soy animal de fondo de aire con alas que no vuelan
en el aire, que vuelan en la luz de la conciencia [...]

JUAN RAMÓN JIMÉNEZ

Quien habla solo espera
hablar a Dios un día.

ANTONIO MACHADO

Como vivimos extraños tiempos, tiempos tan raros en los que, por un lado, la ambigüedad, además de ser uno de los fundamentales elementos del poema, es también nuestro aire cotidiano, un delicioso oxígeno que nos permite a todos respirar, supongo que todo el mundo entenderá o al menos se hará cargo de que a mí me resulte imposible definir claramente la fiera que me sigue a todas partes. Pero les aseguro que me sigue y puedo asegurarles también que me acompaña. Como lavida es tan compleja, y tan contradictoria, nadie se extrañará de que mi bicho no tenga especie única. Es como los camaleones, pero no come insectos. Se alimenta de extraños sentimientos y por eso, unas veces me sigue un carroñero y otras converso con un búho, unos díasme canta un ruiseñor y otros me acompañan las hienas. En fin, ya juzgarán ustedes. El animal que me acompaña no siempre es de fiar, pero es mi bicho. Qué le vamos a hacer, nada es como soñamos en la infancia.

Si hablo con la fiera que siempre va conmigo sin duda es porque espero que tal vez algún día lograré comprender quién es el animal que nunca me abandona, que me araña la vida, que me la descoloca y ni en sueños me permite soñar con dejarme vivir sin su gruñido.

A veces camino por mi casa como caminan los insectos, es decir, como supongo que caminan los insectos; para decirlo mejor: con el aturdimiento y la ignorancia propios de quien no sabe dónde está. Porque, imagino, que el sitio de una cucaracha no es el páramo frío de las baldosas, ni la superficie resbaladiza de los azulejos. ¿Cómo es posible que estemos todos tan descolocados? ¿Qué hace una cucaracha en un bonito apartamento? ¿Y qué hago yo departiendo con una cucaracha? *¿Qué haces tú por aquí, sin nada que llevarte a la boca?* El bicho me contempla un instante y luego, en un tono más bien irónico, me dice: *aproximadamente lo mismo que el mendigo que duerme en los soportales de la Escuela de Minas,* y un minuto después desaparece por la ranura del friegaplatos. Para que luego digan que lo de todos los días es muy aburrido...

De pronto, esta mañana me he puesto a meditar, verdaderamente Wislawa Szymborska tenía razón: «todo lo que hacemos se convierte inmediatamente en lo que hemos hecho». ¿Y qué he hecho yo? Pues tratar de escribir este libro. Así pues, como decía Panero, y como dice Wislawa, de instante en instante esto es cada vez más un libro. *Ya sé que no es un libro muy al uso,* le digo a la salamandra que toma el sol tranquilamente en mi ventana, *pero, a lo mejor, una vez corregido, quizá les guste.* La salamandra me contesta en seguida. *Yo de literatura entiendo poco, pero creo que no te vendría mal un toque cultural deberías sacar algún templario o charlar de vez en cuando con la Dama de Elche, que se parece mucho a los oráculos.* O *echar mano de algo raro, a la gente le gustan mucho los engendros, fíjate en Tolkien que se ha hecho de oro con unos bichos verdaderamente asquerosos. Claro,* le digo, *lo malo es que yo no hablo la lengua de los trols.* La salamandra me mira con recelo: *pues a mí me entiendes divinamente.* Le sonrío y le digo, *para que veas cómo son las cosas.*

DE *UNA LARGA DOLENCIA*

(2017)

Cuando yo era pequeña era la vida entonces un asunto muy raro, un suceder de cosas que nadie conseguía comprender sin asombro. Entonces, en aquella estación de la vida, en aquel interludio entre el sueño y las cosas, en aquella penumbra en donde el sol salía cada vez que mi madre cantaba o mi padre mojaba los pinceles en el dulce café que había puesto mamá ante su caballete. Cuando yo era pequeña, en aquella epopeya de esperanza y desdichas, en un tiempo de escombros, ilusiones, pesares, en un tiempo en que algunos creyeron sin temor en la vida mientras otros temblaban, en aquel folletín en que los desvalidos, los tristes miserables so*ñaron que por fin había llegado* su día, su futuro. Entonces, cuando la vida se escondió detrás de la metralla y los niños quedamos al amparo del caos. Tres desconciertos tristes e indefensos, tres pequeñas desgracias aturdidas, cansadas, mudas, espantadas. Eso fuimos. Pero la vida es más inexplicable, y mientras el orden del desastre nos obligó a ser huérfanas nosotras decidimos hacer una alianza contra la que el horror nada pudiera. Y nunca pudo nada. Aquellos tres asombros desolados, aquellas tres nostalgias delirantes, que tan solo contaban con la desolación de una madre asolada, se acercaron las unas a las otras y soñaron vivir una vida en la que nada las pudiera separar. Y así fue su destino.

Fuimos las hijas de la distancia, la distancia entre la canción y los tiros. Papá se levantaba silbando. Nuestra madre cantaba sin parar mientras guisaba. El abuelo escuchaba a Gardel. Nosotras ni siquiera sabíamos que Mambrú se había ido a la guerra.

Veo la carita redonda de Margara llena de *fosfatina* hasta las cejas. Cómo se mide la distancia que hay entre la *fosfatina* y la metralla que todavía vive en «El Picador».

Nuestra distancia fue el espanto, nuestro metro cuadrado fue la huida, el abandono de las canciones frente al muro de los lamentos.

Ambos hemos tratado de vivir al amparo de unas pocas palabras verdaderas, como nos dijo Machado, y también hemos sabido que después de todo lo vivido, como dijo Celan, «lo último que nos queda a los dos es algo de lenguaje, algo de destino».

Y queremos mirar atrás y verlo todo claro pero no hay forma ni manera. Una pequeña telaraña envuelve los recuerdos. Es como si quisiera abrigarlos, como si sospechase que tienen frío, que tiemblan y tiritan cada vez que intentamos despertarlos. Es como si algo que se parece al miedo tratase astutamente de cubrirlos con un absurdo encaje pegajoso, una tela de araña inacabable que nos dice que el espejo de la memoria se ha empañado y no hay manera de que podamos ver el rostro del pasado. Y algo en nosotros llora y se rebela, algo dice que no, que ese andrajo tenaz que nos persigue es la terca mentira de la eternidad, la falacia del cielo que nos han vendido a cambio de la vida. Y el corazón reniega de esa infamia, prefiere agonizar con sus fracasos, con sus dulces derrotas, con la desdicha que apagó su infancia porque aquella desdicha es la única garantía de que una vez vivimos bajo el sol.

Fronteras

Ya sé que los colores hablan, que cada uno tiene su secreto,
que entre un color y otro, crece un espacio mudo que unas veces
losune y otras se empeña en separarlos.

Sé también que los colores no hablan igual con todo el mundo.
Hay colores que solamente hablan para los niños y hay otros que
únicamente conversan con los viejos.

Los colores son criaturas para la música y el canto que solo ven y
escuchan unos pocos, muy pocos. Pero son muy felices.

El sonido de la intemperie
puede tener un eco cálido,
puede cantar con la dulzura de la transparencia,
puede vibrar con el asombro
de un naufragio de Turner .

No sé qué hacer con todo aquello que he perdido,
pero sé que el tumulto de esa pérdida
me acompaña insistente y testarudo.
Lo que no tengo siempre está conmigo.

A veces llora, a veces canta.

ÍNDICE

DE *PAVANA DEL DESASOSIEGO*

DE *LOS MAESTROS CANTORES*

DE *LA HERIDA ABSURDA*

DE *NANAS PARA DORMIR DESPERDICIOS*

DE *HISTORIA DE UNA ANATOMÍA*

DE *CONVERSACIONES*
CON MI ANIMAL DE COMPAÑÍA

DE *UNA LARGA DOLENCIA*

Este libro se terminó de editar en Granada
en abril de 2024 por

www.aversopoesia.com
hola@aversopoesia.com